AF313017

NOTE EXPLICATIVE

AU SUJET DES

IMMEUBLES DE LA RUE DU BAC

OCCUPÉS PAR LES

FILLES DE LA CHARITÉ DE S. VINCENT DE PAUL

RÉPONSE

A LA NOTE PRÉFECTORALE DU 25 JANVIER 1881
ET A L'AVIS DU COMITÉ CONSULTATIF DE LA PREFECTURE
DE LA SEINE

NOTE EXPLICATIVE

AU SUJET DES

IMMEUBLES DE LA RUE DU BAC

OCCUPÉS PAR LES

FILLES DE LA CHARITÉ DE S. VINCENT DE PAUL.

RÉPONSE

A LA NOTE PRÉFECTORALE DU 25 JANVIER 1881 ET A L'AVIS DU COMITÉ
CONSULTATIF DE LA PRÉFECTURE DE LA SEINE

En 1789, la Maison-mère des filles de la Charité était encore établie dans les immeubles que [leur fondatrice, Mlle Le Gras, avait acquis de ses deniers dans le faubourg Saint-Denis.

Ces immeubles ont été évacués par les Sœurs en 1793, à la suite de la confiscation des biens des ordres religieux. Lorsque le ministre de l'intérieur, Chaptal, rappela les Sœurs par son arrêté du 22 décembre 1800, les bâtiments de la Maison-mère étaient dans un tel état de délabrement qu'on renonça à les rendre à leur première destination. L'État, devenu propriétaire de ces biens après la suppression des ordres religieux, avait fait vendre à son profit, les 27 brumaire, 4 frimaire et 28 germinal, an V, diverses parcelles de cet immeuble pour l'ouverture des rue de la Fidélité et de la Charité [1],

---

1. Renseignements tirés du *Dictionnaire des Rues de Paris*, par Lazare.
— Tout ce qui restait dudit immeuble fut remis à l'Administration des Hospices, soit en vertu de l'art. 8 de la loi du 18 vendémiaire, an V, soit en vertu de l'arrêté consulaire du 27 prairial, an IX. Les bâtiments de l'ancienne Maison-mère, devenus propriété définitive des Hospices de Paris en vertu de la loi du 9 septembre 1807, ont été affectés en 1816 à la Maison de Santé.

Par suite de ces circonstances, le ministre de l'intérieur, Chaptal, n'ayant pu, en 1800, rétablir les filles de la Charité dans leur ancienne Maison-mère, fit affecter à leur logement la Maison des Orphelines de la rue du Vieux-Colombier, ancien établissement dirigé par les sœurs de la Miséricorde et fondé par l'abbé Olier, curé de Saint-Sulpice. Cette maison, nationalisée en vertu du décret du 18 août 1792, avait été remise *provisoirement* à l'administration hospitalière de Paris, conformément à l'article 8 de la loi du 16 vendémiaire, an V.

Le gouvernement consulaire, voulant consolider le domaine hospitalier, tout en favorisant le rétablissement des Hospitalières et des filles de la Charité, rendit, sous la forme d'un règlement d'administration publique, l'arrêté du 27 prairial, an IX, qui eut pour effet d'attribuer aux commissions administratives des hospices et des bureaux de bienfaisance la propriété et l'administration des biens provenant des anciennes corporations charitables, à la charge d'affecter leurs revenus aux besoins généraux, c'est-à-dire à l'entretien, à la nourriture et au logement des Hospitalières et des filles de la Charité [1].

---

1. **Arrêté des Consuls du 27 prairial an IX** (16 juin 1801) relatif à l'administration des biens affectés à la nourriture et à l'entretien des hospitalières et filles de charité :

Les Consuls de la République, sur le rapport du ministre de l'intérieur, vu les lois des 23 et 28 octobre, 5 novembre 1790, 1er mai 1793, 2 brumaire et 28 germinal de l'an IV ; vu pareillement les lois des 16 vendémiaire et 20 ventôse de l'an V ; le conseil d'Etat entendu ; Arrêtent :

Art. 1er. — *Les biens spécialement affectés à la nourriture, à l'entretien et au logement des Hospitalières et des filles de Charité, attachées aux anciennes corporations, vouées au service des pauvres et des malades, font essentiellement partie des biens destinés aux besoins généraux de ces établissements :* en conséquence, et conformément aux lois des 16 vendémiaire et 20 ventôse de l'an V, l'administration en sera rendue aux commissions administratives des hospices et des établissements de secours à domicile.

Art. 2. — Sont pareillement compris dans les dispositions qui précèdent, les *biens affectés à l'acquit des fondations relatives à des services de bienfaisance et de charité, à quelque titre et sous quelque dénomination que ce soit.*

Art. 3. — Les ministres de l'intérieur et des finances, etc.

Le Premier Consul, signé : BONAPARTE.
Par le Premier Consul, le secrétaire d'État, signé : HUGUES B. MARET.
Le ministre de l'intérieur, signé : CHAPTAL.

Circulaire du ministre de l'intérieur (M. Chaptal) aux préfets, du 28 vendé-

En vertu de cet arrêté consulaire, la maison de la rue du Vieux-Colombier se trouva *grevée de cette charge* au profit des sœurs de saint Vincent de Paul, qui venaient d'y être installées par ordre du

---

miaire an X (20 octobre 1801), relative à l'exécution de l'arrêté du 27 prairial, an IX (Extrait) :

Cet arrêté dont la promulgation vient d'être ordonnée doit maintenant fixer toute votre attention. La première opération dont vous ayez à vous occuper, consiste à faire dresser l'état des diverses parties de biens et revenus qui, se trouvant encore dans les mains de la régie des domaines, seraient dans le cas de la restitution ordonnée par l'arrêté. Vous constaterez, en même temps, si ces mêmes biens doivent être réunis à l'administration des hôpitaux ou à celle des administrations de secours à domicile; et, à cet égard, je vous ferai observer que tout ce qui se trouvait affecté aux besoins des Filles de Charité, chargées, par des fabriques et paroisses, de la distribution des secours aux indigents doit appartenir à l'administration des secours à domicile ; on ne doit réunir à l'administration des biens des hôpitaux que ceux qui avaient pour destination un service quelconque à la charge de ces établissements. Quant à la mise en possession de ces biens, l'intention du Gouvernement est qu'elle n'aie lieu que sur une décision spéciale, pour chaque objet, du ministre des finances. Ainsi, à mesure que vous aurez découvert quelques parties de bien à restituer en exécution de l'arrêté, vous voudrez bien m'en transmettre directement l'état, avec tous les détails propres à m'éclairer sur leur destination primitive et sur leurs produits, afin que je puisse provoquer auprès du ministre des finances l'envoi en possession, et connaître en même temps les ressources que l'exécution de ces dispositions pourra procurer aux établissements d'humanité. Vous ne perdrez pas de vue que les états doivent être revêtus de l'avis du directeur des domaines.

Arrêté consulaire du 20 thermidor an XI (8 août 1803) rétablissant deux fondations en faveur des pauvres de la commune d'Equilly (Manche) :

Le gouvernement de la République, sur le rapport du ministre de l'intérieur, considérant que les fondations faites pour les écoles des Filles de Charité et des Sœurs grises, destinées à soigner les pauvres et les malades sont des actes de bienfaisance auxquels s'appliquent les dispositions de l'arrêté du 27 prairial an IX, ensemble les lois des 1er mars 1793, 2 brumaire et 28 germinal an IV, 16 vendémiaire, 7 frimaire et 29 ventôse an V; le conseil d'État entendu, Arrête :

Art. 1er. — La fondation faite par Jules-Joseph de Sainte-Marie, ex-seigneur d'Equilly, département de la Manche, pour l'établissement de deux Sœurs grises destinées à soigner les pauvres malades de cette commune et à tenir une école gratuite de charité pour les filles du même lieu, ensemble celle faite pour l'école de charité des garçons, seront rétablies à la diligence du maire et du Bureau de bienfaisance du canton, suivant et d'après les intentions exprimées par le fondateur, par l'acte du 9 juillet 1741, et par celui du 1er avril 1742.

Art. 2. — En conséquence de l'article précédent et de l'arrêté du 27 prairial an IX, les biens, rentes et maisons dépendants des dites fondations et dont l'aliénation n'a point eu lieu, seront réunies aux autres propriétés des pauvres, sous l'administration et régie du Bureau de bienfaisance du canton, qui se

gouvernement dans l'intérêt des hospices de la capitale comme dans celui des hospices des autres villes de la République, ainsi que cela résulte des termes de l'arrêté ministériel du 1er nivôse, an IX. En effet, d'après l'article 7, les fonds nécessaires pour subvenir aux besoins de l'institution devaient figurer jusqu'à concurrence de 12,000 francs parmi les dépenses générales des hospices ; et d'après l'article 5, le gouvernement devait payer à la supérieure générale une pension de 300 francs pour chacune des élèves à former *pour le service des hospices*, lorsque les parents se trouveraient dans une indigence absolue [1].

---

règlera, pour l'emploi des revenus en provenant, suivant et conformément aux intentions du fondateur, et fera tous les actes et poursuites qui seront nécessaires.

Art. 3. — Les héritiers et représentants du fondateur sont maintenus dans les droits réservés par les actes de donation et de substitution susdatés.

Art. 4. — Le ministre de l'intérieur est chargé de l'exécution du présent arrêté qui sera inséré au Bulletin des Lois.

Le Premier Consul, signé : BONAPARTE.

---

1. Arrêté ministériel du 1er nivôse, an IX (21 décembre 1800) concernant les filles de la Charité :

Le ministre de l'intérieur, considérant que les lois des 14 octobre 1790 et 18 août 1892, en supprimant les corporations, avaient conservé aux membres des établissements de charité la faculté de continuer les actes de leur bienfaisance, et que ce n'est qu'au mépris de ces lois que ces institutions ont été totalement désorganisées ; considérant que les secours nécessaires aux malades ne peuvent être assidûment administrés que par des personnes vouées par état au service des hospices et dirigées par l'enthousiasme de la charité ; considérant que, parmi tous les hospices de la République, ceux-là sont administrés avec plus de soin, d'intelligence et d'économie, qui ont appelé dans leur sein les anciens élèves de cette institution, dont le seul but était de former à la pratique de tous les actes d'une charité sans bornes ; considérant qu'il n'existe plus de cette précieuse association que quelques individus qui vieillissent et nous font craindre l'anéantissement prochain d'une institution dont s'honore l'humanité ; considérant enfin que les soins et les vertus nécessaires au service des pauvres doivent être inspirés par l'exemple, et enseignés par les leçons d'une pratique journalière ; Arrête :

Art. 1er. — La citoyenne DELEAU (ci-devant supérieure des filles de la Charité) est autorisée à former des élèves pour le service des hospices.

Art. 2. — La maison hospitalière des Orphelines, rue du Vieux-Colombier, est mise, à cet effet, à sa disposition.

Art. 3. — Ellle s'adjoindra les personnes qu'elle croira utiles au succès de son institution, et elle fera choix des élèves qu'elle jugera propres à en remplir le but.

Art. 4. — Lorsque les élèves lui seront demandées pour le service des éta-

Il fallut bientôt multiplier le nombre des Sœurs pour répondre aux besoins de l'Assistance publique, et la nouvelle Maison-mère ne tarda pas à devenir trop étroite. D'un autre côté, les services rendus par l'Institut des Filles de la Charité avaient pris un caractère véritablement national, si bien que le gouvernement impérial, par le décret du 7 janvier 1807, mit à la disposition de la supérieure, pour y établir *le chef-lieu de l'Association*, la maison de la Croix, rue de Charonne, qui était devenue propriété *nationale*[1].

---

blissements d'humanité, elle aura la faculté de nommer celles qu'elle croira convenables, et pourra, s'il est nécessaire, les déplacer pour une autre destination.

Art. 5. — Le gouvernement paiera une pension de trois cents francs pour chacune des élèves dont les parents sont reconnus dans un état d'indigence absolue.

Art. 6. — Toutes les élèves sont assujetties aux règlements de discipline intérieure de la maison.

Art. 7. — Les fonds nécessaires pour subvenir aux besoins de l'institution seront pris sur les dépenses générales des hospices. Ils ne pourront pas excéder la somme annuelle de douze mille francs.

Paris, le premier nivôse, an IX.

Le ministre de l'intérieur : CHAPTAL.

---

1. Rapport du ministre des cultes, annexé au décret du 6 janvier 1807 :

« Sire, j'ai eu l'honneur de mettre sous les yeux de V. M. I. et R., en fructidor, an XIII, et dans le cours de la présente année, une demande formée par les sœurs de la Charité et appuyée par leur auguste protectrice, tendant à obtenir un local plus spacieux que celui qu'elles occupent rue du Vieux-Colombier. Les maisons indiquées par son altesse impériale Madame Mère n'ayant pu être cédées aux filles de Saint Vincent de Paul, elles ont jeté les yeux sur l'ancien couvent de la Croix, faubourg Saint-Antoine, qui leur offre tout ce qu'elles peuvent désirer en bâtiments et en jardins. Cette maison avait d'abord été réclamée par les missionnaires Lazaristes : mais ceux-ci, n'ayant pas besoin d'un local aussi vaste, se contenteraient de la maison qu'occupent, en ce moment, les sœurs de Charité et qui n'exigerait que des réparations très bornées étant dans le meilleur état. D'après les renseignements que je me suis procurés, la maison de la Croix exigerait quelques réparations; mais votre Majesté I. et R. connaît tous les services rendus à l'humanité souffrante par les sœurs de Charité. De plus, *j'ai eu l'honneur de lui représenter que de tous les points de l'empire, on demande des filles de Saint Vincent de Paul pour desservir les hospices, et que la supérieure de ces servantes des pauvres avait la douleur de ne pouvoir accueillir ces demandes, la petitesse du local servant actuellement de maison |chef-lieu ne lui permettant pas de former des élèves en nombre suffisant.*

« J'ai en conséquence l'honneur de proposer à Votre Majesté le projet de décret ci-joint.

« Je suis avec un profond respect, etc. Signé : PORTALIS. »

« Paris, décembre 1806. »   *Voir le décret au verso.*)

L'année suivante, un nouveau décret (3 février 1808) vient compléter la concession accordée au *Séminaire* des Sœurs de Saint Vincent de Paul, en y ajoutant :

1° Le jardin attenant à la maison dite de la Croix ;

2° Une subvention annuelle de vingt-cinq mille francs [1].

Décret impérial du 6 janvier 1807, concernant les filles de la Charité :

Napoléon, empereur des Français et roi d'Italie, sur le rapport de notre ministre des cultes, nous avons décrété et décrétons ce qui suit :

Art. 1er. — La maison dite de la Croix, sise rue de Charonne, faubourg Saint-Antoine, à Paris, sera mise à la disposition de madame la supérieure générale des sœurs de la Charité de Saint Vincent de Paul, par notre ministre de la guerre, le 1er juin 1807.

Art. 2. — Cette maison sera la maison chef-lieu de l'association. Les novices y feront leur temps de probation, et les sœurs qui, à cause de leur âge et leurs longs travaux, ne pourront continuer un service actif, y trouveront un asile dans leur vieillesse.

Art. 3. — Nos ministres de la guerre et des cultes sont chargés, chacun en ce qui le concerne, de l'exécution du présent décret. NAPOLÉON.

Par l'empereur, le secrétaire d'Etat. HUGUES B. MARET.

---

1. Tableau de l'état actuel des associations de charité et des demandes faites par leurs députées au chapitre général, convoqué par décret du 30 septembre 1807 :

NOMS des CONGRÉGATIONS	Chef-lieux et Noviciats	Nombre des Etablissements		Nombre des Religieuses		But de leursInstitutions	DEMANDES				MOTIF des DEMANDES
							en immeubles		en argent		
		ancien	moder.	ancien	moderne		Maisons-mères.	Anciens Biens	pour 1er établ.	secours annuels	
Sœurs de la Charité de S. Vincent de-Paul. Sœurs de St-Thomas de Ville-neuve, etc., etc.	Paris	461	260	3.300	1.598	Service des malades dans les hôpitaux. Secours à domicile. Instruct. gratuite.	Assigner au Sénat un fonds en remplacement du jardin attenant à la Mais.Mère dite de la Croix.	—	—	25.000	Afin de recevoir un plus grand nombre, de novices et pour fournir aux demandes des hôpitaux militaires.

Certifié par le Secrétaire d'État, signé : Hugues B. MARET.

Décret impérial du 3 février 1808 accordant une subvention annuelle aux sœurs de la Charité :

Napoléon, empereur des Français, etc. Avons décrété et décrétons ce qui suit :

Art. 1er. — Il est accordé sur le budget des dépenses du ministère des cultes pour la présente année 1808 une somme de cent quatre-vingt-deux mille cinq

Mais le ministre de la guerre, qui avait besoin de cette maison pour les magasins militaires, n'ayant pu s'en dessaisir, et aucune des propriétés nationales affectées aux divers services publics ne s'étant trouvée disponible, le gouvernement se retourna du côté des immeubles faisant partie de la dotation hospitalière et fit choix de l'*Hôtel de Châtillon*, propriété confisquée sur les émigrés et attribuée aux hospices de Paris en remplacement de leurs biens vendus pendant la crise révolutionnaire.

C'est la portion principale des immeubles de la rue du Bac, dont la désaffectation est réclamée aujourd'hui par le conseil municipal. Il importe donc bien de se rendre compte des circonstances dans lesquelles a eu lieu l'affectation.

Par un oubli regrettable, mais qui ne saurait préjudicier à l'Institut des Filles de la Charité, le ministre de l'intérieur n'a pas eu soin de rappeler alors aux hospices de Paris, *l'obligation de logement* qui leur incombait en vertu de l'arrêté consulaire du 17 prairial an IX. Les Sœurs étaient d'autant plus en droit de s'en prévaloir que leurs biens[1], attribués à l'administration hospitalière, restaient grevés, à leur profit, des charges de nourriture, d'entretien et de

---

cents francs aux différentes maisons des sœurs de la Charité, pour frais de premier établissement, laquelle somme sera employée conformément à l'état ci-joint.

Art. 2 Une — somme de cent trente mille francs sera portée tous les ans sur le budget du même ministère pour les dépenses annuelles de ces maisons.

Art. 3. — Toutes les maisons que les différentes associations des sœurs de la Charité ont demandées pour le service de leurs établissements leur sont accordées. La répartition et l'emplacement des maisons qui leur sont accordées seront conformes à l'état ci-joint.

Art. 4. — Notre ministre des cultes nous fera un rapport général sur ces différents établissements et nous proposera dans le plus bref délai le détail de leurs institutions, selon l'esprit général de ces établissements.

Art. 5. — Notre ministre des cultes est chargé de l'exécution du présent décret.   Signé : NAPOLÉON.

--- --- --- ---

1. On peut donner, au moins en partie, l'indication de ces biens :

1° Les bâtiments et dépendances de l'ex-*Maison-mère*, faubourg Saint-Denis, sauf les parcelles que l'État avait fait vendre à son profit, les 27 brumaire, 4 frimaire et 28 germinal, an V, pour l'ouverture des rues de la Fidélité et de la Charité. Nous avons déjà dit qu'en 1816, le Conseil général des Hospices transféra dans ces bâtiments la Maison royale de santé.

2° *Maison des Orphelines* au faubourg Saint-Antoine, fondée par Vincent de Paul en 1649 et dirigée par les filles de la Charité jusqu'en 1793. Avant d'être

logement imposées par ledit arrêté consulaire qui n'a jamais été rapporté.

Le rédacteur de l'avis du Comité consultatif a bien compris la portée de cette observation, puisqu'il s'est efforcé de démontrer que les Sœurs n'avaient pu bénéficier des dispositions de l'arrêté consulaire. Il soutient d'abord que le ministre de l'intérieur, en établissant le 26 décembre 1800, les Filles de la Charité dans la maison des Orphelines de la rue du Vieux-Colombier, « n'a créé aucun droit au profit de cette congrégation, *qui n'avait pas alors d'existence légale.* » Comme s'il était nécessaire d'avoir l'existence légale pour jouir d'un avantage accordé par l'arrêté du 27 prairial, sans autre condition que celle d'être *Hospitalière* ou *Fille de la Charité.* Or, cette qualité avait déjà été reconnue aux Sœurs de Saint Vincent de Paul par l'arrêté de Chaptal.

S'il s'était agi d'un des actes essentiels de la vie civile, nous comprendrions qu'un pareil privilège ne pût être conféré par un simple arrêté ministériel. Mais qui pourrait soutenir qu'à cette époque de formation du droit public moderne, un décret fût nécessaire pour jouir d'un *logement*, aux humbles Filles de la Charité, appelées à servir d'auxiliaires à l'Assistance publique?

Mais, s'il faut un décret, les Sœurs peuvent l'apporter au Comité consultatif; peut-être en sera-t-il étonné, car son rapporteur, après

---

remis à l'Administration des hospices, il comptait près de cinq cents lits (Husson, *Étude sur les Hôpitaux*).

3° Diverses autres maisons de charité ayant appartenu aux sœurs de Saint Vincent de Paul et qui ont été remises aux hospices de Paris, soit en vertu de l'art. 8 de la loi du 16 vendémiaire, an V, soit en vertu de l'arrêté consulaire du 27 prairial, an IX. On les trouve mentionnées dans le rapport présenté, en fructidor, an XI, au Conseil général des hospices par le citoyen Duquesnoy, p. 42 et suivantes.

4° *L'hospice du Nom de Jésus*, fondé en 1653 par Vincent de Paul et dirigé par les filles de la Charité jusqu'en 1792. Il fut d'abord érigé en hospice national de vieillards (Husson, ouvrage déjà cité); puis, transformé en *Maison de santé*; car c'est là que cette dernière institution fut établie, pour la première fois, en 1801 (*Rapport au Conseil général des hospices*, par Pastoret, Paris, 1816). — Cet important immeuble, acheté aux Hospices par la Ville de Paris, a été exproprié pour l'agrandissement de la gare de l'Est. La Ville a reçu une indemnité de près d'un million, sur laquelle les Sœurs auraient des revendications à exercer, dans le cas où, par suite de la désaffectation de l'hôtel de Châtillon, elles perdraient le *logement* auquel elles ont droit, en vertu de l'arrêté consulaire du 27 prairial, an IX.

avoir soutenu que l'arrêté ministériel de décembre 1800, ne leur a créé aucun droit, ajoute que « le décret du 8 novembre 1809 en « rétablissant ladite Congrégation, n'a point modifié le caractère « de leur occupation ; qu'il se borne à approuver et confirmer les « lettres-patentes de 1657, qui avaient institué cette Congrégation, « *sans rien énoncer d'où l'on puisse introduire l'intention..... de pourvoir à son installation.* »

Ici, l'habile jurisconsulte est en défaut, car ce n'est pas le décret de 1809, mais bien l'arrêté consulaire du 24 vendémiaire; an XI, qui a autorisé le rétablissement des Filles de la Charité. Or, cet arrêté renferme les dispositions suivantes :

Art. 5. — Elles (les Filles de la Charité) ne pourront recevoir des élèves que dans leur maison de Paris.'

Art. 6. — *A cet effet,* « *la maison nationale dite..., est mise à leur disposition* [1]. »

---

1. Rapport présenté au premier consul par le conseiller d'état chargé de toutes les affaires concernant les cultes, pour le rétablissement légal des sœurs de la Charité :

Citoyen premier Consul, vous m'avez chargé de vous faire un rapport sur le régime des sœurs de la Charité. J'ai l'honneur de vous présenter le résultat de mes recherches.

Les sœurs de la Charité ont été fondées en 1667 par saint Vincent de Paul...

Elles avaient 430 établissements à l'époque de la Révolution. Elles n'en ont plus aujourd'hui que 240...

Elles ne forment point un ordre religieux, mais une compagnie de filles occupées, comme nous venons de le dire, du soin des malades et de l'instruction des pauvres.

Elles sont soumises aux évêques et à une supérieure élective; elles étaient encore soumises au supérieur général de la congrégation des prêtres de la Mission de France qui était tenu de résider à Paris...

L'établissement principal des sœurs de la Charité était à Paris, et ce n'était que là où on pouvait recevoir des élèves pour tout le reste de la France. On avait en cela pour objet de conserver le même esprit dans la compagnie. La supérieure distribuait les sœurs dans les différents hôpitaux où on les demandait.

Les sœurs employées au service d'un hôpital étaient obligées d'obéir aux administrateurs pour tout ce qui concernait le temporel et le service des malades. Elles rendaient compte à ces administrateurs toutes les fois qu'ils le jugeaient convenable. Il n'entrait et ne sortait, dans l'hôpital, aucun malade sans l'autorisation des administrateurs.

Les sœurs avaient des exercices spirituels; mais il leur était enjoint par leur institut d'interrompre ces mêmes exercices ou même de les cesser entièrement lorsque le service des malades l'exigeait...

Ainsi, l'arrêté consulaire du 24 vendémiaire, an XI, en conférant aux Sœurs de Saint Vincent de Paul tous les privilèges de la vie civile, pendant qu'elles occupaient la maison de la rue du Vieux-Colombier, leur a incontestablement donné le droit de profiter de la charge de logement imposée aux hospices. Maintenant, il n'est pas douteux que cette charge a été transportée, à leur profit, sur l'hôtel de Châtillon, puisque l'arrêté consulaire du 24 vendémiaire, an XI, le décret du 6 janvier 1807 et celui du 25 mars 1813 énoncent l'intention formelle de pourvoir à leur installation. En vertu du dernier de ces décrets, la Ville a été implicitement, mais juridiquement substituée aux hospices dans la charge de logement qui leur incom-

---

Tel est le régime des sœurs de la Charité.

L'expérience a prouvé que ces sœurs ont constamment opéré le bien de l'humanité souffrante. Dès que l'on s'est occupé des hospices, on a eu recours à leur piété et à leur zèle.

Leur établissement est national. Il est né en France. Il est le fruit de la religion de nos pères; on en est redevable à un fondateur religieux et philosophe qui a mérité d'être placé au premier rang des bienfaiteurs du genre humain.

Salut et respect, signé : PORTALIS.

Paris, vendémiaire, an II.

Arrêté des consuls du 24 vendémiaire, an XI (16 octobre 1802), autorisant le rétablissement des sœurs de la Charité :

Les consuls de la République, sur le rapport du conseiller d'État, chargé de toutes les affaires concernant les cultes (Portalis), arrêtent ce qui suit :

Art. 1er. — Les sœurs, dites *de la Charité,* sont autorisées comme par le passé, à se consacrer au service des malades, dans les hospices et dans les paroisses, et à l'instruction des pauvres filles.

Art. 2. — Elles pourront porter leur costume accoutumé.

Art. 3. — Elles seront dans l'ordre religieux sous la juridiction des évêques : elles ne correspondront avec aucun supérieur étranger.

Art. 4. — Dans le service des malades, elles seront soumises aux administrateurs des hospices, et tenues de se conformer aux règlements de l'hospice dans lequel elles seront.

Art. 5. — *Elles ne pourront recevoir des élèves que dans leur maison de Paris.*

Art. 6. — *A cet effet, la maison nationale dite ... est mise à leur disposition.*

Art. 7. — Elles n'ouvriront leurs écoles qu'avec l'autorisation et sous la surveillance de l'administration locale.

Art. 8. — Les sœurs infirmes ou hors de service par leur âge seront entretenues aux dépens de l'hôpital dans lequel elles seront tombées malades ou auront vieilli.

Art. 9. — Les ministres de l'intérieur et des finances sont chargés, etc.

Le premier consul, BONAPARTE.

bait. Quant à la forme, cette substitution a pu, en raison de la procédure suivie par M. de Montalivet, présenter quelque apparence d'arbitraire; mais, au fond, elle peut se justifier aisément, puisque ici l'intérêt de la Ville et celui des hospices se confondent. En effet, il s'agit d'assurer le soulagement des pauvres malades et infirmes de la capitale, et la majeure partie des dépenses de l'Assistance publique étant, à cette époque, supportée par le budget municipal, les frais d'acquisition de l'hôtel de Châtillon, limités à 260,000 francs, n'ajoutaient qu'une somme insignifiante à la subvention annuelle que la Ville fournissait aux hospices et qui, pour les exercices 1813 et 1814, s'est élevée à près de 26 millions [1]. D'ailleurs, cette nouvelle charge a été régulièrement acceptée par la Ville, ainsi qu'en fait foi la délibération prise, le 6 novembre 1819, par le conseil municipal de la Seine, faisant fonctions de conseil municipal de Paris [2].

---

1. Husson, *Étude sur les Hôpitaux*, p. 537.

2. Délibération du conseil municipal de Paris du 6 novembre 1819, autorisant le préfet de la Seine à faire acquitter les dépenses de réparations faites à la maison centrale des sœurs de la Charité et l'invitant à demander l'exemption de cette charge pour l'avenir :

Le conseil général du département de la Seine faisant fonctions du conseil municipal, après avoir entendu le rapport de sa commission sur la question de savoir si l'entretien de la maison centrale des sœurs de la Charité, rue du Bac, à Paris, est une charge municipale; vu la lettre du ministre de l'intérieur à M. le préfet de la Seine, en date du 11 mars 1816, par laquelle S. Exc. décide que les frais d'entretien de la maison centrale des sœurs de la Charité seront désormais à la charge de la ville de Paris; Vu le rapport du 29 octobre dernier, par lequel M. le préfet de la Seine, en communiquant au conseil la décision précitée, lui demande l'autorisation de payer la somme de 3,160 francs pour des travaux de réparations faites à la maison centrale des sœurs de la Charité; considérant que *l'autorisation donnée par le conseil à l'acquisition d'une maison pour les sœurs de la Charité dans le but de protéger un établissement utile et respectable*, n'a pu s'étendre jusqu'à imposer encore de nouvelles charges à la ville de Paris, en laissant à son compte les réparations et entretien de cet édifice; Considérant cependant qu'une première dépense de réparations montant à 3,180 fr. a été faite en vertu de décision du ministre à laquelle M. le préfet de la Seine a dû se conformer, et qu'il paraît indispensable d'en autoriser l'allocation, mais pour cette fois seulement et sans tirer à conséquence pour l'avenir; Est d'avis :

1º Qu'il y a lieu d'autoriser M. le préfet de la Seine à faire acquitter la somme de 3,180 francs montant des dépenses de réparations, faites à la maison centrale des sœurs de la Charité, sans que cette autorisation puisse tirer à conséquence pour l'avenir;

2º D'inviter M. le préfet de la Seine à demander à M. le ministre de l'intérieur de vouloir bien rapporter la décision de son prédécesseur en date du

C'est dans ces circonstances qu'est intervenu le décret impérial du 25 mars 1813, qui a obligé la Ville de Paris à acquérir « l'hôtel de Châtillon et « à en abandonner gratuitement la jouissance aux « Sœurs de la Charité pour y former le principal établissement de « leur ordre [1]. »

Quel était le caractère de cette *jouissance?* Il a été déterminé, de la manière la plus nette, par l'arrêté préfectoral du 17 mai 1813, pris pour l'exécution du décret :

Art. 2. — « Cette jouissance sera réglée par les dispositions du « chapitre II, titre III, livre II du Code Napléon, relatives au droit « d'usage [2]. »

---

11 mars 1816, attendu qu'elle a été rendue sans la participation du conseil municipal et *qu'elle renferme des dispositions onéreuses pour la ville de Paris, en mettant à sa charge la totalité des frais d'un établissement qui intéresse tous les départements de la France.*

Signé au Registre, BELLARD, président; MONTAMANT, secrétaire.

Pour extrait conforme :

Le secrétaire général de la Préfecture, Signé : WAHKNION.

---

1. Décret impérial du 25 mars 1813 concernant les Sœurs de la Charité : Au palais des Tuileries, le 25 mars 1813. Napoléon, Empereur des Français, roi d'Italie et Protecteur de la Confédération du Rhin, Sur le rapport de notre ministre de l'intérieur, Nous avons décrété et décrétons ce qui suit :

Art. 1er. — L'hôtel, dit de Châtillon, situé dans la rue du Bac, et appartenant aux hospices de notre bonne ville de Paris, sera acquis par la Ville.

Art. 2. — Le prix de cette maison évaluée 260,000 francs sera payé aux hospices, au moyen de l'abandon d'une rente de 13,000 francs à prendre sur le produit de la Halle aux vins.

Art. 3. — Notre bonne ville de Paris abandonnera gratuitement la jouissance de ladite maison aux Sœurs de la Charité, pour y former le principal établissement de leur Ordre.

Art. 4. — La maison située dans la rue du Colombier, où est actuellement formé cette établissement, sera remise à la disposition de l'administration des hospices, et entrera dans la masse des maisons à vendre en exécution de nos précédents décrets.

Art. — Nos ministres de l'Intérieur et des Cultes sont chargés du présent décret.

NAPOLÉON.

---

2. Arrêté du préfet de la Seine pour l'exécution du décret du 25 mars 1813 : Le préfet du département de la Seine, baron de l'empire; vu 1° le décret impérial du 25 mars dernier, portant, art. 1er « l'hôtel de Châtillon situé dans la rue du Bac et appartenant aux hospices de notre bonne ville de Paris sera acquis par ladite ville. Art. 4. — Notre bonne ville de Paris abandonnera gratuitement

Ce *droit d'usage*, concédé aux Sœurs de Saint Vincent de Paul, représente bien le *droit de logement* qui leur a été conféré par l'arrêté consulaire du 27 prairial, an IX.

La concession de l'hôtel de Châtillon a été complétée par celle d'un autre immeuble contigu au premier et dont la jouissance a été accordée aux Sœurs, dans les mêmes conditions, par l'ordonnance royale du 29 janvier 1823. Elle impose à la Ville l'obligation d'abandonner aux Sœurs, « *pour un temps indéterminé* », la jouissance du nouvel immeuble et ne lui en réserve que la « nue propriété, ce qui « semble, dit la note préfectorale, impliquer pour les Sœurs un *droit* « *d'habitation*. »

Cette fois, la procédure a été [plus régulière, car les hospices ont été obligés de participer aux frais d'acquisition, puisqu'en vertu de ladite ordonnance ils ont dû céder cet immeuble à la Ville moyennant la somme de 36,800 francs, *moitié du montant de l'estimation*[1].

---

la jouissance de ladite maison aux sœurs de la Charité pour y former leur principal établissement ; » 2º L'acte administratif en date de ce jour, contenant vente à la ville de Paris, par l'administration des hospices, dudit hôtel de Châtillon, arrête :

Art. 1er. — Les sœurs de la Charité jouiront *gratuitement*, à dater de ce jour, de l'hôtel de Châtillon, à l'effet par elles d'y établir le principal [établissement de leur ordre.

Art. 2. — Cette jouissance sera réglée par les dispositions du chap. 2. — Titre 3. Livre 2 du code Napoléon relatives au droit d'usage.

Art. 3. — Ampliation du présent arrêté sera adressé à S. Exc. le ministre des cultes.

Une semblable ampliation sera transmise à la supérieure de l'ordre.

Fait à Paris, le 17 mai 1813.

---

1. Ordonnance royale du 29 janvier 1823 concernant les sœurs de la Charité : Louis, par la grâce de Dieu, roi de France et de Navarre, à tous ceux qui ces présentes verront, salut ; sur le rapport de notre ministre secrétaire d'État au département de l'intérieur, notre conseil d'État entendu, nous avons ordonné et ordonnons ce qui suit :

Art. 1er. — La commission administrative des hospices de notre bonne ville de Paris est autorisée à vendre, et le préfet de la Seine à acquérir, au nom de la Ville, moyennant la somme de trente-six mille huit cents francs, *moitié du montant de l'estimation*, une maison appartenant auxdits hospices, et située rue du Bac, numéro 130, à la charge par l'administration municipale d'en abandonner *gratuitement et pour un temps indéterminé*, la jouissance à la congrégation des sœurs de la Charité, en s'en réservant la nue propriété.

Art. 2. — Il sera pourvu au payement du prix de cette acquisition au moyen

Enfin, pour achever de donner à la concession faite aux Sœurs son véritable caractère, il ne nous reste plus qu'à rappeler la décision prise en 1820, au sujet des frais d'entretien de l'hôtel de Châtillon. Après avoir payé, conformément aux ordres du ministre de l'intérieur, les dépenses d'entretien faites pendant les années 1816 à 1818, la ville refusa de s'engager plus avant dans cette voie. Le conseil général de la Seine, faisant fonctions de conseil municipal de Paris, fit observer « que l'autorisation donnée par le conseil à l'acquisition d'une maison par les sœurs de la Charité, dans le but de protéger un établissement utile et respectable, n'a pu s'étendre jusqu'à imposer encore de nouvelles charges à la ville de Paris, en laissant à son compte les réparations et entretien de cet édifice..... en mettant à sa charge la totalité des frais d'un établissement qui intéresse tous les départements de la France. » (Délibération du 6 novembre 1819.)

Sur le rapport de M. Guizot, alors chargé de la direction générale de l'administration communale et départementale, le ministre de l'intérieur décida « qu'à l'avenir les frais d'entretien et autres dépenses concernant les bâtiments de l'hôtel de Châtillon, chef-lieu de l'ordre des sœurs de la Charité, cesseraient d'être à la charge de la ville de Paris » [1].

---

de la somme versée, à cet effet, par le conseil municipal de notre bonne ville de Paris dans le budget de 1822.

Art. 3. — Ladite somme, versée dans la caisse des hospices, sera employée en acquisition de rentes sur l'Etat.

Art. 4. — Notre ministre secrétaire d'Etat au département de l'intérieur est chargé de l'exécution de la présente ordonnance.

Donné en notre château des Tuileries, le 29 janvier de l'an de grâce 1823 et de notre règne le 28e. Louis.

Par le Roi, le ministre secrétaire d'État au département de l'intérieur,

Corbière.

---

[1]. Il n'est pas inutile de rappeler ici que les frais d'installation des Sœurs à l'hôtel de Châtillon sont restés complètement à la charge de l'État, en vertu du Décret impérial du 26 mai 1813, qui a autorisé, à cet effet, un prélèvement de 150,217 fr. sur le budget du ministère des cultes.

Rapport du conseiller d'État, directeur général de l'Administration communale et départementale, au ministre de l'intérieur, concernant l'entretien de l'hôtel de Châtillon. — Paris, le 7 mars 1820.

Monseigneur,

Le Ministre avait décidé en 1816 sur le rapport de M. Bruyère, directeur des travaux publics de Paris, que les frais d'entretien de l'hôtel de Châtillon accordé aux Sœurs de la Charité pour y former le principal établissement de leur Ordre,

Et depuis lors, les Sœurs ont eu à supporter tous ces frais. C'était la conséquence forcée du *droit d'usage*, dont elles avaient été mises en possession par l'arrêté préfectoral du 17 mai 1813 ; c'était l'application pure et simple de l'article 635 du Code civil.

En 1843, la supérieure générale des filles de la Charité, avant d'entreprendre les travaux considérables nécessités par l'agrandissement de la maison conventuelle, écrivit au garde des sceaux, ministre des cultes, en lui disant qu'elle « ne se déterminerait à entreprendre les travaux qu'autant qu'elle aurait la certitude que la ville de Paris, propriétaire de l'hôtel occupé par la congrégation, ne pourrait pas, de son autorité privée, reprendre cet immeuble affecté gratuitement, par un décret du 25 mars 1813, à sa destination actuelle. »

Voici la réponse du garde des sceaux : « Vous me demandez, Madame, de vous fixer sur la position que vous a fait le décret précité. L'extinction de votre congrégation ou la révocation de l'autorisation en vertu de laquelle elle est établie, pourraient *seules* faire cesser les effets de la concession dont elle est devenue l'objet » [1].

---

seraient supportés par la ville de Paris, attendu que ce bâtiment avait été acheté de ses deniers.

J'ai autorisé, en conséquence, le Préfet de la Seine à imputer sur le fonds des dépenses imprévues extraordinaires de la ville de Paris, exercice 1818, une somme de 3,180 francs montant des dépenses d'entretien faites en 1816, 1817 et 1818.

Le Conseil municipal a consenti ce paiement ; mais par une délibération du 6 novembre 1819, il a demandé que la Ville fût déchargée de ces frais. (Voir ci-dessus, page 13, en note, cette délibération.)

Le Conseil conclut à ce que la somme de 3,180 francs montant des dépenses faites, soit allouée sans tirer à conséquence pour l'avenir et à ce que Votre Excellence soit priée de rapporter la décision du 11 mars 1816.

J'ai déjà satisfait à la première partie de cette demande : je propose à Votre Excellence d'accorder la deuxième et de décider qu'à l'avenir les frais d'entretien et toutes autres dépenses concernant les bâtiments de l'hôtel de Châtillon cesseront d'être à la charge de la Ville de Paris.

Le Conseiller d'État, Directeur général de l'Administration communale et départementale,   Signé : Guizot.
Approuvé le même jour par le Ministre.

---

1. Lettre du ministre de la justice et des cultes à la supérieure générale des filles de la Charité. — Paris, le 13 avril 1843.

Madame, vous m'avez informé par la lettre que vous m'avez fait l'honneur de m'écrire, le 22 mars dernier, que votre congrégation reconnaissant l'indispensable nécessité de l'agrandissement de sa maison conventuelle de Paris, serait disposée à s'engager seule dans une dépense à laquelle le gouvernement a

Ainsi donc, tant que l'Institut des filles de Saint Vincent de Paul existe légalement, tant qu'elles conservent le caractère et le titre de *filles de la Charité*, elles ont le droit de se prévaloir des dispositions de l'arrêté consulaire du 27 prairial an IX, pour garantir leur occupation.

Il résulte de ces explications que, dans l'espèce, la Ville se trouve en présence d'un *contrat de droit civil* passé entre elle, les hospices, l'État d'une part, et de l'autre, l'Institut des filles de la Charité. Dès lors, si le conseil municipal désire rompre ce contrat, ce n'est pas au gouvernement qu'il doit s'adresser, mais bien aux tribunaux ordinaires, seuls juges des questions de propriété.

SUBSIDIAIREMENT :

Dans le cas où le gouvernement retiendrait la cause, en faisant décider par le tribunal des conflits que la concession dont il s'agit a le caractère d'un acte administratif et constitue une affectation pure et simple qu'il appartient au chef de l'État de révoquer, s'il estime qu'elle a cessé d'être motivée par les exigences du service public, il y aurait lieu de faire ressortir ce qu'il y a de *synallagmatique* dans les actes officiels de l'an XI de 1807 et de 1813, et dans l'ordonnance royale de 1823, qui ont consacré l'affectation.

N'est-il pas évident que les sœurs de Saint Vincent de Paul ont été rappelées par le ministre Chaptal dans l'intérêt du service des hôpitaux ? N'est-il pas évident qu'en les rétablissant légalement

---

déclaré ne pouvoir concourir. Toutefois, elle ne se déterminerait à entreprendre les travaux qu'autant qu'elle aurait la certitude que la ville de Paris, propriétaire de l'hôtel occupé par la congrégation, ne pourrait pas, de son autorité privée, reprendre cet immeuble affecté gratuitement par un décret du 25 mars 1813, à sa destination actuelle. Vous me demandez, madame, de vous fixer sur la position que vous avait faite le décret précité :

«*L'extinction de votre Congrégation ou la révocation de l'autorisation en vertu de laquelle elle est établie, pourraient seules faire cesser les effets de la concession dont elle est devenue l'objet.* Dans aucun cas, au surplus, la Ville ne serait admise à rentrer en possession de l'hôtel de Châtillon qu'après la révocation du décret de concession, et cette révocation ne pourrait être prononcée que par un acte du gouvernement.

«Ces explications suffiront, je l'espère, pour faire cesser les inquiétudes que votre congrégation avait conçues.

« Agréez, madame, mes hommages respectueux.

« Le garde des sceaux, ministre secrétaire d'État, de la justice et des cultes. »

« Signé : MARTIN (du Nord). »

comme ordre hospitalier, le gouvernement consulaire a reconnu l'obligation de loger leur principal établissement, et que cette obligation a été réalisée par la concession de l'hôtel de Châtillon et de l'immeuble contigu, affectés à cette destination par le décret impérial de 1813 et l'ordonnance royale de 1823? L'affectation ayant été imposée à la ville de Paris en vue d'œuvres d'intérêt urbain et d'utilité générale, il ne peut dépendre du conseil municipal d'y mettre fin par sa seule volonté, C'est à l'autorité qui l'a ordonnée, c'est-à-dire au chef de l'État, qu'il appartiendrait d'en prononcer le retrait.

Mais rien aujourd'hui ne justifierait une pareille mesure, puisque les filles de la Charité ont toujours satisfait aux conditions formelles ou implicites de la concession de logement qui leur a été accordée.

Est-ce qu'elles ont cessé de desservir à Paris les six hospices ou hôpitaux qui leur ont été confiés par l'Assistance publique?

Est-ce qu'elles ont cessé de desservir l'hospice national des Quinze-Vingts, qui est dans les attributions du ministre de l'intérieur?

Est-ce qu'elles ont cessé de desservir les douze hôpitaux militaires où le ministre de la guerre les a appelées pour soigner les malades de notre armée en France et en Algérie?

Est-ce qu'elles ont cessé de desservir les 200 hospices ou hôpitaux et les 195 bureaux de bienfaisance confiés à leur dévouement par les commissions administratives des départements?

Eh bien, tant que l'État, tant que la ville de Paris, tant que les villes de province utiliseront les services, accepteront le dévoué concours des sœurs de Saint Vincent de Paul, comment pourrait-on leur enlever cette Maison-mère, où se forme le nombreux personnel indispensable au service de tous ces établissements; où réside le conseil d'administration, qui lui donne l'impulsion et la direction; où sont établis le noviciat général des filles de la Charité et les infirmeries dans lesquelles les jeunes novices apprennent à soigner les malades, en donnant leurs premiers soins aux sœurs âgées ou infirmes?

En conséquence, l'intérêt public, autant que la justice et la bonne foi, s'opposent à ce qu'il soit donné suite à la demande du conseil municipal de Paris. Le gouvernement ne peut que s'honorer en la rejetant par une décision motivée.

Paris, 27 décembre 1881.

(*Voir le tableau à la page suivante.*)

TABLEAU DES MAISONS

DESSERVIES PAR LES FILLES DE LA CHARITÉ

EN FRANCE, EN ALGÉRIE ET DANS LE LEVANT

FRANCE

PARIS.

Ministère de la guerre.

Val-de-Grâce.
Saint-Martin.
Gros-Caillou.
Invalides.

Assistance publique.

Enfants-Trouvés.
Hôpital Tenon.
Auteuil.
Sainte-Eugénie.
Necker.
Hospice le Prince.
Et 48 maisons de secours.

Ministère de l'intérieur.

Quinze-Vingts.

DÉPARTEMENTS.

Ministère de la guerre.

Hôpital militaire de Lyon.
—   de Marseille.
Infirmerie Saint-Cyr.
—   de La Flèche.
Hôpital militaire de Versailles.
—   de Vincennes.
—   de Rennes.

DÉPARTEMENTS (suite).

Établissements civils.

222 hospices et hôpitaux.
195 maisons de secours dépendant des bureaux de bienfaisance.

ALGÉRIE.

Ministère de la guerre.

Dey (Alger).
Constantine.
Bône.
Biskra.

Établissements civils.

33 hôpitaux et maisons de secours.

LEVANT.

34 maisons et établissements hospitaliers.

En Orient, Chine, Perse, Abyssinie, les sœurs desservent : 1° les hôpitaux français et internationaux qui relèvent directement du ministère des Affaires étrangères ; 2° les diverses maisons de charité et d'instruction qui assurent la prépondérance de la langue et de l'influence françaises dans ces contrées, et dont le Gouvernement ne saurait se désintéresser.

FIN

9 782016 156889